다윗의 한 가지 소원

네비게이토 선교회는
국제적이며 복음적인 기독교 기관이다.
예수 그리스도께서는 자기를 따르는 자들에게
"너희는 가서 모든 족속으로 제자를 삼으라"
(마태복음 28:19)는 지상사명을 주셨다.
네비게이토 선교회는 세계 모든 국가에서
예수 그리스도의 일꾼들을 배가시켜
이 지상사명의 성취를 돕는 것을
근본 목표로 하고 있다.

네비게이토 출판사는
네비게이토 선교회의 문서 선교를 담당하고 있다.
본 출판사에서는 그리스도인의 영적 성장을 돕는
서적과 자료들을 출판하여,
그리스도인의 삶의 기초가 견고한
헌신된 제자로 성장하게 하고,
나아가 성숙한 인격과 지도력을 갖춘
일꾼이 되도록 돕고 있다.

다윗의 한 가지 소원

조이스 터너

네비게이토 출판사
TO KNOW CHRIST AND TO MAKE HIM KNOWN

차 례

다윗의 한 가지 소원 ·· 7

1. "내가 여호와께 청하였던 한 가지 일" ················ 11

2. "내 생전에 여호와의 집에 거하여" ····················· 17

3. "여호와의 아름다움을 앙망하며" ························ 27

4. "여호와께서 환난 날에 나를… 지키시고" ············ 35

묵상과 적용 ··· 42

다윗의 한 가지 소원

다윗은 하나님을 신뢰하고 골리앗과의 싸움에 자신을 주저 없이 던졌습니다. 다윗은 하나님 한 분 이외에는 그 어느 것도 신뢰의 대상으로 삼지 않았습니다. 다윗은 하나님께서 선한 목자이시며 자기와 함께하고 계심을 믿었습니다.

하나님께서는 이런 사람을 기뻐하십니다. 어떤 상황에서도 하나님을 신뢰하고 하나님을 간절히 찾는 사람을 원하십니다. 진정으로 위대한 사람은 바로 하나님을 신뢰함으로 자신을 하나님께 온전히 드리며 순종하는 사람입니다.

다윗은 어떻게 이러한 믿음을 갖게 되었습니까? 어

떻게 일생 동안 하나님을 경험하는 삶을 지속할 수 있었습니까? 여러 가지를 생각해 볼 수 있겠지만, 아마도 다윗이 삶의 여러 환경에서 하나님과 친밀한 관계를 유지하며 하나님을 찾는 일에 가장 큰 우선순위를 두었기 때문임을 성경에서 찾아볼 수 있습니다.

우리는 시편 27:4에서 하나님을 찾는 다윗의 간절한 소원을 볼 수 있습니다. "내가 여호와께 청하였던 한 가지 일 곧 그것을 구하리니 곧 나로 내 생전에 여호와의 집에 거하여 여호와의 아름다움을 앙망하며 그 전에서 사모하게 하실 것이라." 다윗은 여러 가지 일이 아니라 한 가지 일을 구한다고 했습니다. 그는 하나님을 찾는 일에 가장 큰 가치를 두었습니다.

다윗처럼 어려운 역경과 고난을 많이 겪은 사람도 드물 것입니다. 그러나 다윗은 그 가운데서 여호와 하나님의 선하심을 맛보아 알았습니다(시편 34:8). 단순히 일의 성취와 승리 혹은 역경에서 벗어나는 것을 구하는 데서 끝나지 않고, 하나님만을 찾고 구하는 한 가지 소원을 그 무엇보다도 더 큰 우선순위에 두었습니다. 다윗은 군대가 자기를 둘러 진치고 있을 때에도 하나님을 찾고 하나님을 신뢰함으로 모든 두려움에서 벗어나 평안을 누렸습니다(시편 27:3).

처음 예수님을 믿은 사람이건 혹은 오랫동안 신앙생활을 한 사람이건, 하나님을 찾고 순종하는 삶은 각자가 하나님을 어떤 분으로 알고 있느냐에 달려 있다고 할 수 있습니다. 지식이 많다고 하나님께 더 잘 순종하는 것은 아닙니다. 머릿속의 지식보다는 삶을 통해 하나님을 얼마나 잘 알고 있느냐가 우리의 신뢰와 순종의 수준을 결정한다고 할 수 있으며, 하나님을 잘 알기 위해서는 어떤 환경 속에서도 하나님을 구하는 일에 가장 큰 우선순위를 둘 줄 알아야 합니다.

본 책자를 통해 당신에게 하나님은 어떤 분이신지를 돌아보고 당신의 믿음과 순종의 삶에 큰 발전이 있기를 바랍니다.

1. "내가 여호와께 청하였던 한 가지 일"

"내가 여호와께 청하였던 한 가지 일 곧 그것을 구하리니, 곧 나로 내 생전에 여호와의 집에 거하여 여호와의 아름다움을 앙망하며 그 전에서 사모하게 하실 것이라. 여호와께서 환난 날에 나를 그 초막 속에 비밀히 지키시고, 그 장막 은밀한 곳에 나를 숨기시며, 바위 위에 높이 두시리로다"(시편 27:4-5).

하나님께서는 우리를 자기와 함께 거하도록 초청하셨습니다. 시편 27편에서 우리는 다윗이 이 초청을 진지하게 받아들인 모습을 볼 수 있습니다. 다윗은 "내가 여호와께 청하였던 한 가지 일 곧 그것을 구하리니"라고 말했습니다. 다윗은 그의 소원을 정말로 가치 있는 한 가지에 집중시켰습니다. 물론 하나님께서는 우리가 아무리 많은 소원을 가지고 나아가 기도해도 다 들어주실 수 있는 분이십니다. 다윗도 이것을 알았습니다. 하지만 '한 가지 일'을 구한다고 했을 때, 이는 다른 모든 것보다도 우선순위에 둘 수 있는 가장 가치 있는 것을 결코 놓치고 싶지 않다는 다윗의 간절한 마음이 표현되어 있다고 할 수 있습니다.

예수님께서는 마르다에게 많은 일로 염려하고 근심하나 그러나 오직 한 가지가 필요하다고 말씀하셨습니다(누가복음 10:41-42). 마르다의 동생 마리아는 그 한 가지, 즉 예수님의 발아래 앉아 그분의 말씀을 배우며 교제하는 것을 즐기는 것을 선택하였습니다. 그리스도를 첫자리에 모시는 이 한 가지 일이 없다면 삶의 나머지 모든 영역은 그릇된 영향을 받게 됩니다.

C. H. 스펄전은 우리의 섬김과 사역은 생명 되신 주님을 마음에 모시고 살 때 자연스럽게 흘러나오는 것

이라고 말했습니다. 우리의 선행 즉 선한 봉사가 만일 그리스도를 우리 마음의 중심에 모시지 않은 것이라면 허물어져 버리고 맙니다. 그리스도께서는 우리의 생명이십니다.

우리는 속으로, 다윗이 다른 것들도 추구했으리라고 생각할지도 모릅니다. 다윗은 종종 비참한 환경 가운데 처하여 있었습니다. 심지어 자기 아들이 자기를 죽이려고 군대까지 동원하여 쫓아오기도 했습니다. 생명의 위협을 느끼는 것은 물론 아들에게 쫓기는 신세가 되어 몹시 창피하기도 했을 것입니다. 그때 그는 평화, 안전, 명예, 위로를 구했을 수도 있습니다. 그러나 다윗은 그의 마음을 오로지 여호와 하나님께 두었습니다.

시편 27:4에서 다윗은 '한 가지 일'을 구했습니다. 다윗의 이 말은 이 세상에서의 삶을 위한 가장 근본적인 목표에 관한 것입니다. 그것은 곧 한 분, 이 구절에서 세 번이나 언급한 여호와를 추구하는 것입니다. 우리가 우리의 마음과 뜻과 성품을 다하여 여호와 하나님을 바라보고 그분을 간절히 찾을 때, 어떠한 환난이나 시련에도 흔들리지 않으며 견고한 믿음의 삶을 사는 것이 가능합니다.

분명한 우선순위를 둘 줄 아는, 즉 무엇보다도 먼저 하나님을 아는 일에 삶을 투자하는 사람들이 되어야 합니다. 우리는 때로 우리가 하고 있는 일이 얼마나 주목을 받고 영향력이 있느냐의 여부에 따라 우리 인생의 성공을 가늠하려고 할 때가 많습니다. 또한 주목을 받는 자리에 있거나 그런 일을 하는 사람을 부러워하기도 합니다. 한 나라의 왕으로서 다윗은 왕이 된 것만으로도 성공적인 인생을 살았다고 생각할 수 있었습니다. 그러나 왕이 된 것 자체가 성공적인 삶의 잣대가 될 수는 없었습니다.

다윗은 올바른 가치관을 가지고 있었습니다. 왕으로서 많은 사람에게 영향을 주고 필요를 채워 주는 삶을 살았지만 가장 큰 우선순위는 하나님과의 관계라는 사실을 다윗은 결코 잊지 않았습니다. 우리의 활동과 우리 모두가 직면하는 많은 요구들의 한복판에서 영원하신 하나님과 어떤 관계를 맺고 있느냐에 따라 우리가 정말로 어떤 사람인가가 결정되는 것입니다.

주 예수님께서도 이 땅에 계실 때 하나님과 깊은 시간을 보내셨습니다. 예를 들면, 예수님께서 하신 일을 본 많은 사람들이 몰려왔지만 따로 한적한 곳에 가셔서 아버지 하나님과 친밀한 교제를 가지셨습니다. "예수의 소문이 더욱 퍼지매 허다한 무리가 말씀도 듣고 자기 병도 나음을 얻고자 하여 모여 오되 예수는 물러가사 한적한 곳에서 기도하시니라"(누가복음 5:15-16).

우리 각자는 저마다 하고 있는 일도 다르고 책임도 다르지만, 이 세상에 참된 영향력을 미치려면 주 예수님처럼 하나님과 따로 시간을 가지고 긴밀한 교제를 가질 줄 아는 사람이 되어야 합니다. 그리스도인들 가운데는 하나님과 단둘이 시간을 가지며 기도로 하루를 보낼 줄 아는 사람도 있습니다. 비록 사람들에게 널리 알려지지는 않을지라도 하나님께서는 이런 사람들을 통해 역사하시며 우리 세대를 변화시키는 초석으로 사용하실 것입니다. 우리만 참된 반석을 찾으며 신뢰할 수 있는 대상을 찾는 것은 아닙니다. 하나님께서도 믿고 맡길 수 있는 사람을 찾으십니다. 하나님께서는 하나님께 가장 큰 우선순위를 두고 하나님을 신뢰하는 사람을 찾아 그 사람을 초석으로 사용하십니다.

2. "내 생전에 여호와의 집에 거하여"

 다윗은 자기의 한 가지 청은 무엇보다도 먼저 여호와의 집에 거하는 것이라고 말했습니다. 거한다는 것은 피난처와 안식을 제공하는 집에 있다는 것입니다. 우리는 오랜 여행 후에 집에 도착하면 이 세상에서 자기 집이 그 어느 곳보다 가장 좋은 곳임을 실감하곤 합니다. 유명한 관광지와는 달리 거기에는 드러내놓고 자랑할 만한 것은 없지만 그래도 그곳은 자기 집입니다. 짐을 옮겨 놓고 여장을 풀면서 다음과 같은 감사의 기도를 드립니다. "주님, 제게 이런 집을 주시니 감사합니다. 세상에는 집이 없는 사람도 많이 있는데 제게 이렇게 편안히 쉴 수 있는 곳을 주시니 감사를 드립니다."

그렇습니다. 집은 놀라운 곳입니다. 특히 여호와의 집은 더욱 그렇습니다. 여호와의 집에 거한다는 것은, 우리의 필요를 공급하시고, 돌보아 주시고, 위로해 주시며, 자신의 마음을 우리에게 나누어 주시는 여호와 하나님이 그 집의 주인이심을 인정하는 가운데 맺어진 유대 관계를 경험하는 것을 의미합니다. 여호와의 집에서 주인은 여호와 하나님이시며, 우리는 그분을 신뢰함으로 복종해야 합니다.

여호와 하나님과 한 집에서 행복하게 산다는 것은 그분을 기쁘시게 하고 그분이 원하시는 것을 행하는 데 열심하는 것을 의미합니다. 이것이 예수님께서 요한복음 14:23에서 우리에게 원하신 것입니다. "사람이 나를 사랑하면 내 말을 지키리니 내 아버지께서 저를 사랑하실 것이요, 우리가 저에게 와서 거처를 저와 함께하리라."

사실 우리는 여호와 하나님의 집에 거할 자격은커녕 오히려 하나님과 원수가 되었던 자로서 여호와의 집 근처에도 갈 수 없었습니다. 주님께서는 우리를 창조하셨기 때문에 주인이기도 하시지만, 원수 되었던 우리를 직접 보혈을 흘려 값으로 사셨기 때문에 주인이 되셨습니다. 고집스럽게 자기의 길과 생활 방식을 추구하던 자들을 향하여 큰 사랑을 베푸심으로 마음을 돌이켜 함께 거할 수 있도록 길을 열어 주신 것입니다.

줄곧 자기 생각을 주장하는 사람과 함께 여행을 하거나 살아 본 적이 있습니까? 그런 적이 있었다면, 아마 두 번 다시 함께하고 싶지 않을 것입니다. 그렇다면, 여호와의 집에서 우리가 그런 태도를 갖지 않아야 할 것은 너무나 분명합니다. 하나님의 뜻에 우리의 뜻을 적당히 가미해서 뒤섞지 말고 다음과 같이 말할 수 있어야 합니다. "하나님, 주님의 뜻이 제 뜻이오며, 저는 주님께서 원하시는 일을 하겠사오니 제게 주님의 뜻을 보여 주십시오."

주님께 자신을 맡기는 것은 언제나 안전합니다. 때

로, 우리가 너무 순응하기만 하면 누군가가 이용해 먹지는 않을까 생각하지만 예수님께서는 그런 분이 아니십니다. 예수님께서는 우리로 생명을 얻게 하고 더 풍성히 얻게 하시려고 우리에게 오셨습니다(요한복음 10:10). 주님 안에 거함으로써 우리는 생명을 얻을 뿐만 아니라 더욱 풍성히 누리게 됩니다. 주님께서 먼저 선한 목자로서 우리에게 자기 생명을 주셨기 때문에 우리가 생명을 누릴 수 있게 된 것입니다.

반면 이 세상은 우리에게 모든 것을 줄 것처럼 약속하고 우리의 인생을 투자하기를 종용하지만 사실은 우리의 삶을 허비하도록 이끌 뿐입니다. 다윗은 진정한 반석이 누구인지 분명히 알았습니다. "여호와 외에 누가 하나님이며 우리 하나님 외에 누가 반석이뇨"(시편 18:31). 반석이신 하나님께 자기를 맡기는 것이 가장 안전하고 확실함을 여러 고난을 통해 다윗은 분명히 경험했습니다.

하나님께 자기를 맡기기 위해, 다윗은 자기 힘으로

해묵은 문제를 해결할 수 있는 상황에서도 하나님께 순종하기를 선택했습니다. 자기 목숨을 취하기 위해 추격해 온 사울 왕을 자기 손으로 직접 죽일 수 있었지만, 함께한 사람들의 일치된 의견에도 불구하고 원수를 직접 갚지 않았습니다(사무엘상 24장 참조). 다윗은 자기의 감정과 곤란한 상황의 해결보다는 하나님과의 관계를 더욱 중요하게 생각했던 것입니다. 우리는 뚜렷한 방도가 없을 때에는 하나님께 맡기려 하지만 자기 손으로 해결할 수 있는 상황에서는 하나님의 뜻을 구하기보다 자기의 뜻을 따라 행하기가 쉽습니다. 그러나 다윗은 자기의 손으로 해결할 수 있어 보이는 상황에서도 자기의 인간적인 뜻을 굴복하고 하나님의 뜻을 따를 줄 아는 믿음이 있었습니다. 다윗은 여호와 하나님만이 반석이시며 진정으로 피할 곳임을 믿었던 것입니다.

여호와의 집은 용납의 장소입니다. 우리가 가끔 다른 곳에서보다 집에서 더욱 자기의 참된 모습을 드러내는 것은 무슨 까닭입니까? 우리는 자기 집에서는 더욱 쉽게 흥분하고 더 비판적이고 더 게을러집니다. 집 바깥에서 다른 사람과 있을 때보다 이런 성질들이 쉽게 튀어나오기 때문에 자신에 대해 실망하곤 합니다. 이런 모습이 나타나는 것은 가족들이 자기를 그만큼 용납해 주기 때문일 것입니다. 자기의 부족한 모습이 드러나도 여전히 사랑을 받으며 용납될 것이기 때문입니다. 그것이 물론 비판적이 되거나 게을러지는 것에 대한 변명은 아닙니다. 하지만 우리 자신이 용납된다고 느낄 때 정말로 본래의 자기가 될 수 있는 것입니다. 그리고 이것이 바로 여호와 하나님께서 우리를 용납하시는 방법입니다. 우리는 주님과 함께할 때 참된 자신이 될 수 있습니다.

또한 시편 27:4에서 다윗은 "내 생전에"라고 말했습니다. '내 생전에'라는 말을 통해, 이 세상에 살 동안은 항상 언제나 여호와의 집에 거하겠다는 다윗의 간절한 열망을 볼 수 있습니다. 다윗은 평생토록 여호와의 집에 거하기를 원했습니다. 자기 인생의 어느 한 시점에서만 혹은 어느 기간 동안만 여호와 하나님의 집에 거하는 것이 아니라, 하늘나라에 계신 하나님의 품에 안길 때까지 평생토록 여호와 하나님과 긴밀한 유대관계를 유지하며 살아가겠다는 믿음의 표현입니다. 삶이 어느 정도 여유가 있을 때 혹은 힘이 넘칠 때뿐만 아니라, 나이가 들어 힘이 빠지고 머리가 허옇게 되거나 혹은 여러 환경이 자기가 원하는 방향으로 진행되지 않는다고 해도 우리는 여전히 하나님을 열망하며 여호와 하나님의 집에 거하는 삶을 살아야 합니다. 우리는 일생 동안 하나님과 함께 사는 것이 필요합니다.

5년 후에 우리는 어떤 모습을 하고 있을까요? 10년 후에는? 20년 후에는? 아마 당신이 지금 주님께 열심이고 헌신하는 것은 쉬울지도 모릅니다. 아마 당신은 20년 후에도 여전히 열정을 잃지 않을 수 있을 것입니다. 그러나 30년 후에는 어떨까요? 세월이 지날

수록 처음과 동일한 헌신과 비전을 유지하기가 어쩌면 더 어려워질 수도 있습니다. 아무도 자기만은 주님께 대한 사랑이 식지 않을 것이라고 장담하지 못합니다.

판에 박힌 기독교적 활동에 빠지거나, 그리스도와 마음을 나누는 교제를 누리지 못할 수도 있습니다. 많은 그리스도인들이 시작은 잘하지만, 잘 마치는 사람은 적습니다. 어떤 이는 예수님에 대한 첫사랑이나, 하나님의 말씀에 대한 믿음에서 실패한 경우도 있습니다. 바울은, "너희가 달음질을 잘하더니, 누가 너희를 막아 진리를 순종치 않게 하더냐?"(갈라디아서 5:7)라고 갈라디아인들에 대한 실망을 표현했습니다. 누가 책임을 져야 합니까? 글쎄요, 오직 한 사람만이 나로 하여금 그리스도인의 삶을 잘 경주하지 못하도록 방해할 수 있는데, 그것이 바로 나 자신입니다.

그러므로 우리는 젊은 시절부터 자기 자신의 능력과 지혜로 사는 삶이 아니라 성령의 능력으로 사는 삶을 배워야 합니다. 젊을 때는 힘과 열정이 넘치기 때문에 영적인 일조차도 자기 힘으로 감당하려고 하기 쉽습니다. 다윗은 소년 시절에 양을 지키는 일을 하면서 자기 힘이 아니라 하나님의 능력을 의뢰하는 삶을 배웠습니다. 골리앗과 맞서 싸우기 전에 다윗은 주의 사람들에게, 사자와 곰이 자기가 지키고 있던 양을 공격하면 사자와 곰을 따라가서 그것을 치고 양을 구하는 일을 했다고 말했습니다. 자기 힘과 용맹을 자랑하는 말처럼 보이지만 다윗은 하나님의 도우심을 이렇게 표현했습니다. "여호와께서 나를 사자의 발톱과 곰의 발톱에서 건져 내셨은즉"(사무엘상 17:37). 다윗은 여호와 하나님께서 자기를 건지셨음을 분명히 알고 있었던 것입니다.

다윗은 시편 23편에서 다음과 같이 말합니다. "나의 평생에 선하심과 인자하심이 정녕 나를 따르리니 내가 여호와의 집에 영원히 거하리로다"(시편 23:6). 하나님의 선하심과 인자하심이 항상 자기와 함께하기 때문에 여호와의 집에 영원히 거할 수 있음을 다윗은 굳게 믿었습니다. 우리 자신의 힘은 미약하지만 하나님의 선하심과 인자하심으로 말미암아 우리 또한 평생토록 여호와 하나님의 집에 거할 수 있습니다.

3. "여호와의 아름다움을 앙망하며"

 우리 모두는 머지않아 여호와의 아름다움을 더욱 분명하게 볼 수 있을 것입니다. 하나님 나라에 들어가면 우리가 섬겼던 하나님께서 얼마나 아름다운 분이시며 얼마나 놀라운 분이신지를 직접 보고 감탄을 금치 못할 것입니다. 지금 이 땅에서 우리는 하나님의 아름다움을 그 창조하신 만물과, 죄악 된 사람들을 구원하시려는 구속의 사랑과, 자녀 된 우리들을 온전한 뜻 가운데서 인도하시는 것을 통해 조금이나마 보고 느낄 수 있습니다. 그러나 하나님 나라에 들어가면 그 영광과 아름다움을 직접 보고 입을 다물지 못할 것입니다.
 다윗은 자기의 소원은 여호와의 아름다움을 앙망하

는 것이라고 했습니다. 여호와 하나님께서는 우리에게 아름다운 분입니까? 우리는 그분에게서 무엇을 봅니까? 그리스도인들 중에는 하나님의 사랑과 공의를 어느 한쪽으로 치우치지 않고 올바로 깨닫지 못하는 사람들이 있습니다. 그들은 하나님을, 매우 사랑이 많으시고 너그러우시고 어지신, 즉 어떤 일이 일어나도 이해하실 아버지로 바라보거나, 아니면 우리를 지켜보고 있다가 우리가 조그마한 실수라도 저지르기만 하면 금방 달려와 맹렬히 공격할 엄한 재판관으로 바라봅니다. 그러나 하나님께서는 은혜와 진리, 사랑과 공의의 완전한 조화를 이루시는 분입니다.

우리는 복음서를 읽으며 예수님의 참모습을 발견할 수 있습니다. 말씀이신 하나님께서 직접 이 땅에 육신으로 오셔서 우리 가운데 사셨습니다. 하나님이신 주 예수님께서 사람들을 대하신 모습을 보면 얼마나 놀라운지 모릅니다. 복음서를 통해 우리는 주님의 인격과 행동과 삶의 모습을 생생하게 그려 볼 수 있습니다.

심지어 주님께서 마음에 품으셨던 생의 목표도 우리는 분명하게 보고 알 수 있습니다.

또한 우리 눈에는 보이지 아니하시는 하나님을 주 예수님의 삶을 통해 선명하게 볼 수 있습니다. 하나님의 은혜가 무엇인지, 하나님의 진리가 무엇인지 모호하게 알고 있던 당시 사람들이 예수님의 삶을 통해 하나님의 은혜와 진리를 분명하게 보고 깨달았듯이 오늘날의 우리도 복음서를 통해 하나님의 은혜와 진리를 분명히 보고 깨달을 수 있습니다. 보면 볼수록 여호와 하나님께서는 더욱 아름다운 분이십니다. 주 예수님께서는 삶의 모든 영역에서, 사회생활에서나 영적인 생활에서나, 완전한 조화를 이루셨습니다. 우리는 온갖 상황 속에서 가지각색의 사람들을 똑같이 대하신 주 예수님의 모습을 보고 그 아름다움을 찬양할 수 있습니다.

당신은 혹시 너무 영적이 되지는 않을까 두렵습니까? 주님께서 뭔가 부당한 것을 요구하지 않을까 두려워하며, 우리 삶의 어느 한 영역을 주님께 남김없이 드리는 일에 좀 망설였던 적은 없습니까? 그렇다면, 아직 아름다우신 여호와 하나님을 보지 못한 것입니다. 시험이 와서 의문을 제기하고 의심하게 하고 두려워하게 할 때에는 잠시 멈추어 그분에 대해 생각하며, "주님, 그렇습니다. 주님께서는 완전하시고 아름다우시고 신실하신 분입니다" 하고 말하십시오.

시편 27:4의 마지막 부분을 보면 다윗은 "그 전에서 사모하게 하실 것이라"고 말했습니다. 다윗은 하나님의 집에서 하나님을 사모하는 것이 그의 소원이라고 말한 것입니다. 하나님을 사모한다는 말은 하나님을 알고자 하는 열망으로 가득했다는 의미입니다. 또한 낮이나 밤이나 하나님만을 묵상하며 하나님 만나는 것을 낙으로 삼고, 하나님을 만나서 자기 삶의 모든 것을 의논한다는 의미도 들어 있습니다. 다윗은 얼마나 하나님을 간절히 알고 싶어 했는지 모릅니다. 그는 하나님으로부터 발견할 수 있는 모든 것을 발견하기를 원했습니다.

우리는 유명한 관광지나 역사적 유물이 있는 곳에 가면 '아는 만큼 보인다'라는 말을 실감합니다. 어떤 사람들은 그 장소를 너무도 사모하여 해마다 방문하기도 합니다. 방문할 때마다 지금까지 알고 보았던 것과는 다른 새로운 모습을 발견하는 기쁨을 누리기 때문입니다. 심지어 자기가 살던 곳을 아예 떠나 그 장소로 이사를 가서 정착하고는, 그곳을 찾아오는 사람들에게 그곳이 얼마나 아름다우며 얼마나 역사적 가치가 있는지를 널리 알리는 일에 드려지는 경우도 있습니다. 사모하는 마음이 그런 결정을 낳게 한 것입니다.

8절에서도 우리는 다윗의 이러한 간절한 태도를 볼 수 있습니다. "내 마음이 주께 말하되, 여호와여, 내가 주의 얼굴을 찾으리이다." 그리고 시편 86:11에서는, "여호와여, 주의 도로 내게 가르치소서. 내가 주의 진리에 행하오리니"라고 하였습니다.

C. H. 스펄전은 우리가 하나님의 집에 갈 때, 하나님의 뜻을 간절히 찾을 뿐만 아니라 하나님의 뜻을 행

하기 위해 무엇을 어떻게 해야 할지를 간절히 찾아야 한다고 말합니다. 우리는 때때로 하나님의 뜻을 묻기는 하지만 어떻게 그 뜻을 행해야 할지는 묻지 않는 것 같습니다. 하나님의 뜻이 무엇인지 묻고 나서 그것을 어떻게 행해야 할지는 사람들에게 묻기도 합니다.

우리는 무슨 일을 할 때에든지, 이런 일은 이렇게, 저런 일은 저렇게 해야 한다는 식의 공식에 매여 하나님을 제한시키지 않도록 조심해야 할 필요가 있다고 생각합니다. 그것은 우리의 창의성을 억누르고 하나님의 음성을 소멸시키는 것입니다. 오늘날의 문화는 특히 방법을 추구하는 사고방식이 만연해 있기 때문에, 주 예수님의 제자로 살아가는 우리는 이런 태도를 갖지 않도록 특히 주의해야 할 필요가 있습니다.

예수님께서는 "나의 멍에를 메고 내게 배우라. 그러면 너희 마음이 쉼을 얻으리니"(마태복음 11:29)라고 말씀하셨습니다. 우리 스스로 만든 멍에가 아닌 예수님께서 주신 멍에를 메고 주님께 초점을 맞추어야 합니다. 우리는 지금 하고 있는 일을 왜 하고 있습니까? 예수님이 우리의 활동 목표가 되고 있습니까? 우리는 한 분 즉 여호와 하나님을 알고자 하는 마음으로 충만해 있습니까? 우리는 한 분 즉 여호와 하나님께 대한 깨달음을 얻고 있습니까? 우리는 한 분 즉 여호와 하나님께 순종하고 있습니까?

4. "여호와께서 환난 날에 나를… 지키시고"

시편 27:5을 보면 다윗은 여호와 하나님께서 환난의 날에 자기를 지켜 주신다는 확신이 있었습니다. 다윗은 시편 27:4에서 안전이나 평안 혹은 전쟁의 승리 대신에 오직 하나님 한 분만을 구하였는데, 하나님을 향해 이러한 간절한 마음과 믿음을 가질 때 우리는 정말로 절박할 때에 우리의 기도에 응답하시는 하나님을 경험하게 됩니다. 우리는 우리의 안전한 처소가 어디인지를 알 것입니다.

우리는 곤경에 처할 때는 일이 잘 되어 가고 있을 때와는 다른 방법으로 하나님께 부르짖습니다. 우리는 비록 절망적인 곤경 가운데 있을지라도 결코 주님을 의뢰하는 일에 실패하지 않도록 하나님께 간구할 필요가 있습니다. 우리 중에 어느 누구도 이 면에서 완전한 사람은 없지만, 주님과 동행하는 삶을 평생토록 살아가기 위해서는 하나님을 의뢰하는 삶에 실패하지 않도록 애쓰며 간구할 필요가 있습니다.

절망 가운데 기도한다는 것이 어떤 느낌인지 한번 생각해 봅시다. 수영을 잘할 줄 모르는 한 사람이 있었습니다. 그는 한 친구와 함께 바닷가에서 휴가를 보내고 있었습니다. 그는 수영을 잘하지도 못하면서 바다로 수영하러 나갔고, 친구는 해변을 따라 거닐고 있었습니다. 수영을 시작한 지 얼마 후였습니다. 해류가 그를 바다로 떠내려 보내기 시작했습니다. 그는 있는 힘을 다해 외치며 몸부림쳤습니다. 그는 계속 떠내려가고 있다는 것을 느낄 수 있을 뿐이었고 힘도 고갈되어 버렸습니다. 그는 완전히 넋을 잃었습니다. 지금 인생을 마치기에는 자기 삶이 너무 짧았다고 생각되었습니다.

마침내, 몇 분 아니 한참의 시간이 흐른 후, 그는 자기 발이 바닥에 닿는 것을 느낄 수 있었습니다. 해류가 그를 해변의 다른 지역 가까이로 쓸어 갔던 것입니다. 이렇게 하여 그는 살게 되었습니다. 그러는 동안 그는 하나님의 도움을 얻기 위해 하나님께 기도하고 부르짖었습니다. 그 어느 사람도 그를 구할 수 있는 형편이 아니었습니다. 눈에 보이는 모든 도움의 가능성이 사라진 상태에서 그는 부르짖을 수밖에 없었습니다. 하나님을 찬송할 수도 없고, 다른 사람에게 기도를 부탁할 수도 없는 그런 상황에서도 하나님께서는 그의 기도를 들으시며 그를 살려 주셨습니다.

 많은 이들이 하늘이 무너지는 것 같은 느낌을 경험하고 있습니다. 잘 알려진 안전의 근원들이 산산조각이 나 버립니다. 오랫동안 누려 왔던 관계들이 갑자기 사라져 버립니다. 일상생활에서 확신의 기초가 되는 전제들이 공허하고 거짓된 것으로 드러납니다.

 블레셋 족속 가운데 머무르고 있을 때 다윗은 이것

을 경험했습니다. 다윗과 부하 6백 명이 어느 날 시글락에 돌아와 보니 온 성읍은 불타 버리고 가족들은 사로잡혀 가고 아무도 없었습니다. 사무엘상 30장을 보면, 아말렉 족속이 그 성읍을 쳐서 불사르고 다윗의 아내들과 자녀들을 포함하여 거기에 있던 모든 사람들을 사로잡아 간 것을 알 수 있습니다.

이러한 상실로 말미암아 다윗과 그의 사람들은 감정적으로 처절하게 짓밟혔습니다. "다윗과 그와 함께한 백성이 울 기력이 없도록 소리를 높여 울었더라"(4절).

설상가상으로 그와 함께하며 수많은 전투에서 충성을 바쳤던 백성들마저 그에게 반기를 들기 시작했습니다. "백성이 각기 자녀들을 위하여 마음이 슬퍼서 다윗을 돌로 치자 하니 다윗이 크게 군급하였으나"(6절).

다윗은 그의 가족과 소유를 잃고, 또한 그의 사람들로부터의 존경도 받지 못하게 되었으며, 이제는 또한 그의 목숨마저 잃게 될 위태로운 지경에 처하게 되었습니다.

여기서 그는 무엇을 할 수 있었겠습니까? 그의 사람들에게서 도망쳐 나와 다른 곳에서 새로운 인생을 시작하려고 할 수도 있었으며, 그 사람들에게 자기를 혼자 놓아두기를 바라면서 다른 지도자를 뽑으라고 요구할 수도 있었고, 어떠한 모반도 단호히 제거해 버림으로써 계속 지배권을 유지하기 위해 묘책을 써볼 수도 있었을 것입니다.

그러나 다윗은 이것들 가운데 아무것도 선택하지 않았습니다. 오히려 그는 음식이나 목숨보다도 더 의뢰해 왔던 하나님과의 관계에서 돌파구를 찾았습니다. 그는 그 하나님 여호와를 힘입고 용기를 얻었습니다. 하나님께서는 다윗에게 살아 계시는 분이었습니다. 그런 관계가 될 수 있었던 것은, 그가 지은 시편들 속에서 끊임없이 찾아볼 수 있듯이 기도를 통한 하나님과의 규칙적인 교제를 통해서였습니다.

일단 힘을 얻게 되자 다윗은 즉시 아말렉으로 인해 야기된 이 쓰라린 상황에서 하나님의 인도를 구했습니다.

"다윗이 여호와께 묻자와 가로되, '내가 이 군대를 쫓아가면 미치겠나이까?' 여호와께서 대답하시되, '쫓아가라. 네가 반드시 미치고 정녕 도로 찾으리라'"(8절).

성경에는 다윗이 그의 사람들을 어떻게 설득해서 아말렉을 계속 추격하는 힘든 싸움에 나서게 했는지 전혀 언급이 되어 있지 않습니다. 아마 어떤 사람들은 여전히 다윗에 대하여 분노가 끓고 있으면서도 오직 자기 가족들을 구출해야겠다는 일념 때문에 따라나섰을 것입니다. 그러나 그보다는 오히려 그들이 이전에 겪었던 어려움들 속에서 보아 왔던, 하나님으로 감동된 지도력을 이제 또다시 다윗에게서 볼 수 있었던 까닭인 것 같습니다. 왜냐하면 다윗은 삶 전체에 걸쳐 그의 눈을 하나님께 두어 사람들을 이끌어 왔기 때문입니다. 그는 하나님의 사랑과 소망과 능력과 자비를 들이마시며 살았습니다.

마침내 다윗은 그들의 아내와 자녀들과 빼앗겼던 재산의 대소를 무론하고 아무것도 잃은 것이 없이 도로 찾아왔고, 게다가 또 아말렉의 양 떼와 소 떼까지 다 탈취하였습니다. 이후 얼마 되지 않아 다윗은 왕이 되었습니다.

다윗의 힘의 비결은 무엇이었습니까? 아무리 주변 환경이 절망적으로 변해도 하나님께 부르짖을 때면 응답하신다는 믿음, 살아 계신 하나님에 대한 믿음이 바로 그 비결이었습니다.

묵상과 적용

1. 다윗은 하나님 한 분 이외에는 그 어느 것도 사랑과 신뢰의 대상으로 삼지 않았습니다. 당신의 삶에서 현재 만족과 행복을 주고 있는 것들을 다섯 가지 정도 나열해 보십시오.

   각각에 대해 다음과 같은 질문을 해보십시오. "이것이 내게서 떠나간다면, 나는 어떤 반응을 보일까?" "이것이 떠나가도, 내가 주님 안에서 누리는 안정과 만족감으로 말미암아 나는 모든 두려움에서 마음을 지키며 행복을 누릴 수 있겠는가?"

2. 시편 23편을 주의 깊게 읽고, 하나님을 향한 다윗의 사랑과 다윗을 향한 하나님의 사랑이 어떻게 나타나 있는지 찾아보십시오. 당신이 평생 동안 하나님과 동

행하며 승리하는 삶을 사는 데에 어떤 격려를 얻을 수 있습니까?

3. 다윗은 하나님을 찾는 일에 그 무엇보다도 큰 우선순위를 두었습니다. 당신은 현재 삶에서 하나님과의 교제에 얼마만큼 우선순위를 두고 있습니까? 당장 다급한 일에 떠밀려 하나님과 충분한 교제를 가지지 못한다면 평생 쫓기는 삶을 살 것입니다. 하나님과의 교제를 현재보다 발전시키기 위해 당신에게 변화가 필요한 내용을 적어 보십시오.

4. 삶의 여러 영역에서 자신이 갖고 있는 장래 계획을 점검해 보십시오. 그 계획의 상세한 부분까지 하나님께서 관여하시도록 구체적으로 기도하였습니까? 혹 기도하지 않은 영역은 없습니까? 기도하지 않은 이유는 무엇입니까? 그 영역에 있어서는 하나님을 따르는 일이 마음에 내키지 않기 때문인가요?

5. 하나님의 성품 가운데 당신이 직접 순종과 경험을 통해 깨닫고 확신하게 된 것은 무엇입니까? 당신의 순종과 경험을 통해 하나님의 아름다우심을 얼마나 발견하게 되었습니까? 이 경험이 주님께 대한 당신의 헌신에 어떤 영향을 주었습니까?

6. 시편 3편에서 인용한 다음 구절들을 사용하여 하나님을 찬양하며 자신과 다른 사람들을 위하여 기도하십시오.

"여호와여, 주는 나의 방패시요"(3절).
하나님 아버지, 주님께서는 나의 보호자가 되시나이다.

"나의 영광이시요 나의 머리를 드시는 자니이다"(3절).
주님께서는 모든 존귀를 받으시기에 합당하오며, 나를 존귀하게 하오며 용기를 주시나이다.

"내가 나의 목소리로 여호와께 부르짖으니 그 성산에서 응답하시는도다"(4절).
주님께서는 나를 아시오며 나의 기도를 들으시나이다.

"내가 누워 자고 깨었으니 여호와께서 나를 붙드심이로다"(5절).
주님께서는 주야로 나를 지키시며 나의 필요를 채워 주시나이다.

"천만 인이 나를 둘러 치려 하여도 나는 두려워 아니하리이다"(6절).
나의 앞에 어려움이 있사오나 주님으로 인하여 나는 두려워하지 않겠나이다.

"여호와여, 일어나소서! 나의 하나님이여, 나를 구원하소서!"(7절)
주님, 주님의 살아 계심과 능력을 내게 보이사 나로 하여금 부닥친 문제들을 이기게 하옵소서.

"구원은 여호와께 있사오니 주의 복을 주의 백성에게 내리소서"(8절).
예수 그리스도의 죽음과 부활을 통하여 우리에게 승리를 주심을 감사하나이다. 삶 가운데서 그리스도의 승리를 충만히 체험하게 하옵소서.

* 네비게이토 소책자 시리즈 *

1. 성경암송을 통하여 주님께로 돌아오다 ······ 도슨 트로트맨
2. 시대의 요청 ······ 도슨 트로트맨
3. 재생산을 위한 출생 ······ 도슨 트로트맨
4. 수레바퀴 예화 ······ 네비게이토
5. 일대일 사역 ······ 잭 그리핀

6. 제자의 특징 ······ 론 쎄니
7. 하나님의 뜻을 아는 법 ······ 러쓰 존스톤
8. 기도의 하루를 보내는 방법 ······ 론 쎄니
9. 기도 응답을 받는 방법 ······ 제리 브릿지즈
10. 경건한 여인 ······ 라일라 스팍스

11. 전도를 즐기는 삶 (영문판: A Life That Enjoys Evangelism) ······ 하진승
12. 섬김을 위한 부르심 ······ 레이 호
13. 정 직 ······ 헬렌 애쉬커
14. 그리스도를 닮아감 ······ 짐 화이트
15. 최후의 승리를 얻기까지 ······ 월터 헨릭슨

16. 전도의 열정 ······ 로버트 콜만
17. 영적인 의지력 ······ 제리 브릿지즈
18. 사고방식의 변화 ······ 조지 산체스
19. 대인 관계의 성서적 지침 ······ 조지 산체스
20. 말씀의 손 예화 ······ 네비게이토

21. 열 심 (영문판: ZEAL) ······ 하진승
22. 원만한 결혼 생활 ······ 잭 & 캐롤 메이홀
23. 조지 뮐러 ······ A. 심즈
24. 말씀 중심의 삶 ······ 하진승
25. 주제별 성경 암송 제1권 ······ 네비게이토

26. 주제별 성경 암송 제2권 ······ 네비게이토
27. 주제별 성경 암송 제3권 ······ 네비게이토
28. 서로 돌아보아 ······ 하진승
29. 양 육 ······ 네비게이토
30. 경건이란 무엇인가 ······ 제리 브릿지즈

31. 권위와 복종 ······ 론 쎄니
32. 고난 중 도우시는 하나님 ······ 샌디 에드먼슨
33. 기도의 특권을 누리자 ······ 하진승
34. 은혜로운 말 ······ 캐롤 메이홀
35. 하나님을 의뢰함 ······ 제리 브릿지즈

36. 친밀한 부부 관계의 원리 ······ 짐 & 제리 화이트
37. 배우는 자로 살자 (영문판: Live as a Learner) ······ 하진승
38. 합력하여 선을 이루시는 하나님 ······ 리처드 크렌즈
39. 고난 중의 소망 ······ 덕 스팍스
40. 청년의 시기를 어떻게 보낼 것인가 (영문판: How to Live Out Our Youth) ······ 하진승

* 네비게이토 소책자 시리즈 *

41. 약속을 주장하는 삶 ······························· 덕 스팍스
42. 경건의 시간을 갖는 법 ···················· 워렌 & 룻 마이어즈
43. 개인의 중요성 ····································· 론 쎄니
44. 헌 신 ·· 로버트 보드만
45. 내가 배운 교훈들 ·························· 오스왈드 샌더스

46. 하나님의 말씀은 ································· 하진승
47. 현숙한 여인 ································· 신시아 힐드
48. 어떻게 친구를 사귈 것인가 ··············· 제리 & 메리 화이트
49. 외로움을 느낄 때 ···················· 엘리자베스 엘리엇
50. 하나님께서는 당신의 직업을 귀히 여기신다 ·········· 셔먼 & 헬드릭스

51. 자녀의 자부심을 키워 주는 법 ··············· 게리 스몰리 & 존 트렌트
52. 직장 생활에서 낙심될 때 ························· 덕 셔먼
53. 스트레스를 다루는 법 ··························· 단 워릭
54. 서로 의견이 엇갈릴 때 ················· 잭 & 캐롤 메이홀
55. 그리스도인의 삶의 올바른 동기 ··················· 하진승

56. 나를 기뻐하시며 사랑하시는 하나님 ············· 룻 마이어즈
57. 제자삼는 삶의 동기력 ························· 짐 화이트
58. 기도 - 보이지 않는 적과의 싸움 ··············· 제리 브릿지스
59. 효과적인 간증 ································ 데이브 도슨
60. 감격하며 살아야 할 그리스도인 ··················· 하진승

61. 믿음의 경주 ··································· 잭슨 양
62. 사도 바울의 영적 지도력 ················ 오스왈드 샌더스
63. CARE (서로 보살피는 부부) ····················· 하진승
64. 참 특이한 기도 (PPP: Pretty Peculiar Prayers) ·········· 하진승
65. 모세의 순종 ··································· 윙킴톡

66. 상급으로 주신 자녀 ······························ 하진승
67. 하나님께서 쓰시는 사람 ···················· 월터 헨릭슨
68. 기도의 본 ·························· 워렌 & 룻 마이어즈
69. 다윗의 한 가지 소원 ·························· 조이스 터너
70. 생명을 구하는 삶 ························ 피터슨 & 드렐켈드

71. 순종의 축복 ································· 마르다 대처
72. 참 좋으신 하나님 아버지 ···················· 리로이 아임스
73. 하늘에 보물을 쌓는 삶 ························ 잭 메이홀
74. 거룩 : 하나님께 성별된 삶 ····················· 헬렌 애쉬커
75. 가정의 중요성 (영문판: Importance of Home & Family) ······ 하진승

76. 날마다 제 십자가를 지고 (영문판: Taking Up the Cross Daily) ······ 하진승
77. 제자의 올바른 태도 ································ 론 쎄니
78. 주님의 부르심을 따라가는 삶 ······················ 하진승
79. 견고하게 평생 지속해야 할 일 ······················ 하진승

다윗의 한 가지 소원

2013년 12월 20일 초판 1쇄 발행
2023년 12월 26일 초판 2쇄 발행

펴낸곳: 네비게이토 출판사 ©
주소: 03784 서울시 서대문구 연희로 16 (창천동)
전화: 334-3305(대표), 334-3037(주문), FAX: 334-3119
홈페이지: http://navpress.co.kr
출판등록: 1973년 3월 12일 제10-111호
ISBN 978-89-375-0486-0 02230

본 출판사의 서면 허락 없이는 본서의 전부 또는
일부의 무단 복제, 또는 원문에 대한 무단 번역을 금합니다.